흙의 사랑법

독을 묻었네
마당을 파고 김칫독 묻었네
흙에서 난 배추를
흙으로 만든 독에 담아
다시 흙에 묻었네
흙은 독을 발효시키고
독은 배추를 발효시키고
배추는 나를 발효시킬 것이네
맛이 깊어질수록
독은 점점 제 속을 비워
나를 끌어당길 것이네
겨울이 깊어질수록
나는 독 안으로
한없이 꺼져들어갈 것이네

내 영혼 21그램

시작시인선 0113
내 영혼 21그램

찍은날 | 2009년 6월 15일
펴낸날 | 2009년 6월 20일

지은이 | 이정원
펴낸이 | 김태석
펴낸곳 | (주)천년의시작
등록번호 | 제300-2006-9호
등록일자 | 2006년 1월 10일

주소 | (우121-883) 서울시 마포구 합정동 355-24 4층
전화 | 02-723-8668
팩스 | 02-723-8630
홈페이지 | www.poempoem.com
전자우편 | poemsijak@hanmail.net

ⓒ이정원, 2009. printed in Seoul, Korea

ISBN 978-89-6021-089-9 03810

값 7,000원

- 이 시집은 한국문화예술위원회의 창작지원금을 수혜하였습니다.
- 이 책은 경기문화재단이 지정한 창작지원금을 수혜하였습니다.

*이 책 내용의 전부 또는 일부를 재사용하려면
  반드시 저작권자와 (주)천년의시작 양측의 동의를 받아야 합니다.

내 영혼 21그램

이정원 시집

2009

■ **시인의 말**

소소초를 씹은 낙타처럼
입속이 늘 얼얼했다
말(言)은 가시인가,
詩는 가시의 寺院인가,

혼자서는
아프지 말라고
아파하지 말라고

모든 사물들이
내게로 와서 詩가 되었다.

타클라마칸
영원의 저 실크로드처럼
詩의 길은 멀고 아득하기만 하다.

■ 차 례

I

竹簡 —— 15
시나위 —— 16
시홀방장 —— 18
방사선이 띄운 달 —— 20
등신불 —— 22
흙의 사랑법 —— 23
이놈의 쥐! —— 24
구름의 소포 —— 25
깊은 무덤 —— 26
겨울의 幻 —— 28
얼음 위의 반가사유 —— 30
迷宮을 들키다 —— 32
허공 만다라 —— 34
그믐달 —— 35
달맞이꽃 喪家 —— 36
육필 —— 38
슬픈 과녁 —— 39

II

금강송 —— 43
그 섬에 그가 있었네 —— 44
상사화 —— 46
헛소리 —— 48
면벽 —— 49
망상어를 키우다 —— 50
우울한 몽상 —— 52
비켜! —— 53
경칩 —— 54
천상열차분야지도 —— 56
흐르는 여백 —— 58
달콤한 무덤 —— 59
파피루스 —— 60
돌새, 날아오르다 —— 61
하늘 방생 —— 62
초야 —— 64
共生 —— 65

III

마음經 —— 69

벚꽃 명함 —— 70

깜냥 —— 72

살구나무 목탁 —— 74

빗방울 변주곡 —— 76

불면 —— 77

늙지 않는 그림 —— 78

낮달 —— 79

공중정원을 훔쳐보다 —— 80

生木에 새긴 파피루스 —— 82

모항別曲 —— 83

목련 —— 84

삼전지묘 —— 86

무임승차 —— 87

曲盡 —— 88

붉은 적막 —— 90

분꽃 —— 92

IV

바다에서의 一泊 —— 95
쑥 —— 96
안드레아 보첼리 —— 97
코끼리 발자국에는 지문이 없다 —— 98
아버지의 트럼펫 —— 99
휴일 —— 100
늙은 기타리스트 —— 102
낙관 —— 103
새들은 가슴을 풀어헤치고 난다 —— 104
달챙이 숟가락 —— 106
죽음을 기억하라 —— 107
난생설화 —— 108
전언 —— 110
바람꽃 —— 112
탁발 —— 113
쯔쯔가무시 —— 114
구름산책 —— 115

■ 해 설
감각의 구체를 통한 '환'과 '실재'의 결속 | 유성호 —— 117

I

竹簡

반룡사 대밭에 눈이 내립니다
초저녁 졸음에 빠진 동자승 같습니다

천수다라니 몇 구절 삐뚤삐뚤 밤길을 갑니다
까만 바탕에 흰 글씨
금세 길바닥을 메우고 대숲 한가득 발을 칩니다

졸며 깨며 동자승들이 흘려 쓴 글귀
마디 속에 쟁여 넣으려고
외로운 공복으로 서있었던 모양입니다

눈송이들이 늦도록 탑돌이를 합니다

대숲 이마에 소복소복 대꽃 흐드러지는 밤입니다

시나위

햇빛이 진양조로 내려와 앉는다 엉덩이가 넓다
드문드문 나뭇가지에 북채를 걸어놓았다
덩— 또드락 따—ㄱ 딱,
숨을 죽여야 들리는 장단이 마당에 울려 퍼진다
살구꽃이 살포시 입을 열고
중모리로 볼우물 판다
어눌한 발음으로 덩, 하고 첫소리를 낼 때
참을 수 없다는 듯 살짝 풋내를 풍긴다
소리를 품고 오래 곱씹은 탓인가
곤줄박이가 날아와 아쟁을 켠다
줄을 퉁기는 동안 바람은 자진모리로 어깨춤 춘다
주고받고 밀고 당기고,
살구꽃 환한 차일 속에 곤줄박이와 바람이 서로 어깨를 걸친다
덩, 덩, 쿵더쿵
가지에 걸려있던 북채들이 두들겨대는 살구나무 장단
꽃잎이 휘모리로 몰아친다
제 몸이 곧 내리꽂히는 것도 모르고 취해 돌다가 사뿐히 넋을 놓는다
기다렸다는 듯 냇물이 긴 한삼자락을 흔들며 미끄러진다

꽃버선 신고 굿판에 불려나온 봄
저 혼자 북 치고 장구도 친다

시홀방장*

숲속에 누가 둥근 물의자를 놓아두었나

유마힐처럼

　부레옥잠 개구리밥 물땅땅이 마음껏 풀어놓고도 그 품이 얼마나 크고 넉넉한지
　물푸레나무 층층나무 때죽나무를 선 키 그대로 들이고도 남아

　머리 푼 구름을 데려다 머리 감기고
　바람의 맨발 가만가만 씻겨주고
　어슬렁거리고 내려온 산봉우리 덥석 받아 안고 아기 다루듯 어르고 있다

　나무나 산이나 구름이나
　제 몸이 작은 둠벙 속에 들어갔다 나온 줄도 모르고
　종일 물에 잠겨 흔들리고도
　물 한 방울 젖지 않는다

　수미산이 겨자씨 속에

바닷물이 털구멍 속에 들어가는 걸 보고도 듬벙가 바위
는 입 꽉 다물고 있다

빗방울들이 믿기지 않는다는 듯 앞다투어 뛰어들어간다

*十笏方丈: 유마거사의 작은 방. 어느 날 문수보살을 비롯한 많은 대중이 병문안 차 찾아왔는데 방 안에는 달랑 의자 하나만 있었다. 유마는 3만 2천 사자좌를 구해 방에 들였는데 대중이 다 들어와 앉고도 남았다 한다

방사선이 띄운 달

    달빛이 흐벅졌어요

    보따리 속에 토끼뿔 감춰두었었거든요

    아무도 몰래
    아무에게도 들키고 싶지 않아 밤마다 몰래 끌러보곤 했던 보따리 속에서 토끼뿔 혼자 외롭게 늙어가고 있었거든요 거미가 쳐놓은 망사커튼 뒤 대궁도 없이 꽃잎만 툭툭 뱉어내는 달꽃을 아세요? 검붉은 달꽃 꽃은 토끼뿔 본 적 있으신지
    그 오리무중
    달빛이 훔쳐보곤 했어요

    달빛이 얼마나 흐벅진지
    오늘은 아예 보따리를 붙들고 놔주질 않네요

    어찌 알았을까요
    토끼뿔 감춰둔 거
    깊고 깊은 분화구 속에 아무도 모르게 숨겨둔 그대

달빛이 보따리를 뒤져 기어이 토끼뿔 가져가겠다네요
캄캄한 뼛속을 깡그리 뒤집어놓고 마네요

등신불

명부전 앞뜰
꽃불을 이고 선 배롱나무 한 그루
뙤약볕 아래 소신공양 중이다
冥府로 가는 길 밝히고 있는 줄 알았는데
가만 보니 발밑에 그늘을 풀어놓고 있다
불꽃이 품은 그늘 밑에서
개미들이 골똘히 먹이를 나르고 있다
메뚜기 한 쌍 유유히 몸 포개고 있다
얼굴을 쳐든 패랭이꽃
땀방울 식히고 있다
백일 그늘을 받치고 발밑 살피느라
배롱나무 한 그루 허리가 휘었다
햇살이 꽃의 이마 간질이는 동안
그늘은 몇 겹 더 두터워진다
독경 한 번 없이
제 몸 태우며
不立文字로 뙤약볕을 견디는 저 목불 하나
백일 동안 꽃그늘 펴놓고
산 채로 눈부신 고요가 되었다

흙의 사랑법

독을 묻었네
마당을 파고 김칫독 묻었네
흙에서 난 배추를
흙으로 만든 독에 담아
다시 흙에 묻었네
흙은 독을 발효시키고
독은 배추를 발효시키고
배추는 나를 발효시킬 것이네
맛이 깊어질수록
독은 점점 제 속을 비워
나를 끌어당길 것이네
겨울이 깊어질수록
나는 독안으로
한없이 꺼져 들어갈 것이네

이놈의 쥐!

　아버지 몸에 쥐가 살기 시작하더니 급기야 다리를 갉아 먹었다. 이놈의 쥐! 다리에 고양이를 길러야겠다. 아버지는 벼르기만 하다가 하릴없이 세월만 보냈다. 나비야, 하고 부르면 고양이는 나비처럼 날아가 버렸다. 쥐는 아버지의 넓적다리로 사타구니로 돌아다니며 밤마다 오줌을 갈겼다. 쥐 오줌자국 선명한 아버지 바지 속에 시궁쥐들이 들끓고 있었다. 이놈의 쥐! 바지에도 고양이를 길러야겠다. 나비야 나비야, 고양이는 담을 넘어 훨훨 날아가고 말았다. 쥐들이 꼬리에 꼬리를 물고 모세혈관을 따라 떠돌아다니다가 혈관에 쥐똥으로 덕지덕지 도배를 했다. 이놈의 쥐! 냉큼 나오지 못해! 나비야 나비야 나비야, 고양이는 꽃밭으로 달아나 오지 않았다. 쥐들이 머릿속을 돌아다니기 시작했다. 처음엔 살곰살곰 발소리를 죽였는데 언제부터인가 우당탕탕 사정없이 뛰어다녔다. 아버지의 잠은 자꾸 졸아붙고 이놈의 쥐! 잡아 죽일 테야 나비야 나비야 나비야 나비…… 하염없이 나비를 부르던 아버지, 거꾸로 쥐에게 잡아먹혔다. 무덤 속에서 쥐들이 아버지를 파먹었다. 아버지의 무덤 위로 엉겅퀴꽃이 피어났다. 나비들이 엉겅퀴꽃 주변을 맴돌다 팔랑팔랑 날아갔다. 쥐들이 엉겅퀴꽃을 뜯어먹었다.

구름의 소포

 이른 아침 구름 사이에 소포가 끼워져 있었다 소포꾸러미에서 터진 씨앗처럼 가을이 쏟아져 나왔다 코르크 마개로 밀봉한 방 안에서 길을 더듬었다 리아스식 바람이 해안을 끌고 다니며 통로를 지웠다 문틈으로 마른 은행잎 하나가 악수를 청했다 손을 내밀어 잡으려했지만 다리가 너무 많아 걸을 수 없었다 보이지 않는 허공으로 수신호만 날렸다 구름 소포에서 이번엔 우우우 느낌표들이 떼 지어 쏟아져 나왔다 어두운 햇살이 보내온 가벼운 전언, 다리를 떼어버리고 날아오르고 싶었다 치사량의 어둠을 마음껏 들이켰다 두 귀가 명경처럼 맑아갔다 공명통 하나 소리 없이 부풀어 수슬수슬 날개 돋는 소리, 내 몸이 날개를 달고 떠오르기 시작했다

깊은 무덤

풀섶에 숨어 있는 호박 한 덩이

반점이 푸릇푸릇하다

검버섯 가득한 노파가 풀 무덤 속에서

물결 주름 바짝 야위고 있다

노파의 몸 어느 구석에선가

맑은 풍경 소리 들린다

마른 풀들이 품고 있는 미라 한 구

최선을 다해 마음으로 품은 것들은

저렇듯 썩지도 않는구나

바람결에 시나몬* 냄새 훅 끼쳤다

뗏장처럼 마른 풀들을 도로 덮어주었다

*시나몬 : 미라를 만들 때 쓰던 계피향의 방부제

겨울의 幻

눈송이 하나, 뱃속 진자리에서 동글동글 자라났어 떡잎
을 내고 덩굴손 뻗어 보지만 움켜쥔 건 허공뿐이었어 겨
울이었으니까
  겨울이 얼마나 깊었는지
  나도 모르게 외로움에 겨워 배불뚝이가 되었어
  눈사람을 잉태했던 거야 겨울이었으니까

  기억은 자꾸 복제되네 오래전에 떠놓은 탁본 같아
  눈사람은 하얀 그림자만 남고

  한해살이 풀씨를 삼켰던 거야 겨울이었으니까 바람은
겨우내 풀씨를 끌고 다니다 아무 데나 처박지
  아무에게도 눈에 띄지 않는 삶도 있어 겨울이었으니까

  그런데 그,
  풀씨들은 어딜 떠도는 걸까 이 겨울, 바람이 자꾸 검은
모루동굴 속 유적을 들추는 날

  진눈깨비 퍼붓네 생머리 싹둑 자르고 요람 흔드는 대신
겨울나무를 흔들어댔어 겨울이었으니까

업고 있던 눈사람 따윈 내려놓기로 했어 이미 후줄근한 등판을 누가 드르륵 훑어 내리네 금세 녹아버릴 눈사람은 절대로 낳지 말아야 해
  그런데 정말
  눈사람은 사람일까?
  卵生일까, 胎生일까?

얼음 위의 반가사유

얼음 속에 발목 묻은 연잎들이 고개 숙이고
얼음거울에 자신의 얼굴을 비춰보고 있다

붉은 꽃잎의 혈관
푸른 심장마저 얼어붙었다

은산철벽 위에서
장삼자락 여민 수도승처럼
얼음 방석을 깔고 앉아 면벽에 들었다

마른 잎 후려치는 장군죽비 칼바람에
소스라쳐 깨어난 푸른 멍
한 호흡 깊게 머금었다가 내쉴 때
얼음장도 살찐 몸 뒤척여 쨍, 숨길을 튼다

포행도 없이
제 속을 다시 골똘히 들여다보는 연잎들

저 一순이면
뿌리 속 텅 빈 구멍마다 얼음사리 들겠다

연못 사리함이 넘치고도 남겠다

迷宮을 들키다

엄지손가락만 한 바퀴벌레를 본다
화장실 타일 바닥에 꼼짝 않고 엎드려 있다
저 암중모색!
어디로 달아나려는 궁리일까
내 머릿속 회로도 빠르게 바퀴를 굴린다
그래, 이거야
휴지를 둘둘 감아 물에 적셔 던진
필살기의 타법, 명중이다
엉겁결에 감싸 쥔 바퀴벌레를 변기에 넣고
단호하게 물을 쏟아 내린다
블랙홀처럼 빨려드는 소용돌이
치한을 퇴치한 듯 짜릿하다

변기에 앉아 볼일 보다가 문득
끈질긴 그 생명력을 생각한다
바퀴 亞目, 몇 억년 버텨온 시간을 재다가 아득해진다
음침한 곳 어느 구석에서 나를 쳐다보고 있을지도 모를
살아있는 화석의 눈빛
혹시라도 하수관 벽에 붙어서
빤한 눈 또록또록 올려다보고 있다면

오, 이런!
내가 迷宮에 빠뜨린 바퀴벌레가
훔쳐보고 있을지도 모르는 나의 迷宮이여
캄캄한, 비밀 房이여

허공 만다라

처
마
끝
풍경
은제전생
이물고기인줄알까
그래서자꾸흔들리는걸까
자지도않고온종일뒤척이며山門
밖기웃거리는은어얼마나제몸을종
속에넣고닦어야저렇게맑은울음의
만파식적얻을수있는지얼마나바람
에제몸말려야소리의만다라허공에
그릴수있는지아득히울음구만리날아
가면바다의무덤펄펄살아서구르듯달
려올거야저것봐벌써일몰은처마끝까지쳐
들어와물고기맨살에불을지피네불에데인듯요동
치
다
가
한바탕소리
로쏟아내는눈부신산란
슬픈무정란

그믐달

청룡호 깊은 물속
금싸라기 별들을 텀벙 말아놓고 어디 가셨나

방짜 놋숟가락으로
숭늉에 메 말아놓고 병풍 뒤로 숨은 어머니

서운산 자락에 몸 감추셨나

입을 가리고
닳아빠진 이빨로 밥알 오물거리다

별들만 퉁퉁 불어터졌다

달맞이꽃 喪家

한밤중,

소복을 차려입은 여인이 구르듯 들이닥쳤다
서글서글한 눈매
실한 엉덩이 평상에 부리고 앉아
한바탕 곡을 쏟아낸다

밖에서 오래 서성인 듯 파르스름한 입술
젖가슴은 출렁거리고
만삭이 지났는지 배가 불룩하다

弔燈은 모른 척 졸고
차일은 수군수군 술렁거리고
영정 속 아버지만 스산하게 웃는다

막걸리 같은 눈물 뿌리며 막 지붕을 넘는
팔월 열이레 달!

만장 흔들던 달맞이꽃
노랗게 목을 빼고 지붕 너머 넘겨다본다

내생으로 가는 길목이 잠시,
환하다

육필

　겨울저녁 느티나무 한 그루 알몸으로 서있습니다
　노을 밝혀 그물 같은 뼈 얼개를 하늘벽에 걸어놓았습니다
　잔뼈까지 낱낱이 드러납니다
　잎새들 떠나보낼 때 맺힌 울혈,
　옹이도 보입니다 허공 오르다 주춤거린 성장통 자국이지요
　희끗희끗 각질을 붕대처럼 두르고 있습니다
　어깨 들썩이는 밭은기침 끝
　가래 뱉듯 흉곽에서 까치 한 마리 뱉어냅니다
　군데군데 헐어있군요 아픈 늑골을 바람이 읽고 갑니다

　노을 꺼지자 느티는 촘촘한 폐허입니다

　적막으로 가는 풍경이 저렇습니다

　적막으로 가는 겨울숲 터널을 지나다보면 내 몸의 병소도 꽤 아프게 만져지곤 합니다
　종착역까지는 몇 개의 계절역을 더 거치겠지요

　어스름 속 느티나무가 상형문자로 바람의 書 쓰는 이유입니다

슬픈 과녁

비 그친 사이
고추잠자리 한 쌍 옥상 위를 빙빙 돌고 있다
두 마리가 하나로 포개져 있다

누가 누구를 업는다는 거
업고 업히는 사이라는 거

오늘은 왠지 아찔한 저 체위가 엄숙해서 슬프다

서로가 서로에게 서러운 과녁으로 꽂혀서
맞물린 몸 풀지 못하고
땅에 닿을 듯 말 듯 스치며 나는 임계선 어디쯤

문득 삶과 죽음의 갈림길이 있다
앉는 곳이 곧 무덤일
질주의 끝이 곧 휴식일 어느 산란처

죽은 날개는 너무 투명해서 내생까지 환히 들여다보인다

II

금강송

―꿈, 환상, 물거품, 그림자와 같고
또한 이슬이나 번개와 같다*

솔잎이 읊는 독경소리
오백 년 張坐不臥한 노승이구나
금강을 얻으셨구나
찍혀서 기둥이나 들보가 되든 땔감이 되든
대수롭지 않다는 듯
如如不動하시다

문득 귀뺨을 때리는 눈뭉치

喝!
가슴벽을 친다

*금강경 四句偈중 하나 : 一切有爲法
　　　　　　　　　　　如夢幻泡影
　　　　　　　　　　　如露亦如電
　　　　　　　　　　　應作如是觀

그 섬에 그가 있었네[*]

안개를 찍다가 물방울이 되고 억새를 찍다가 흐느낌이 되고
들풀을 찍다가 들판이 되고 구름을 찍다가 한 벌 운수납의가 되고
바람을 찍다가 바람이 되고 오름을 찍다가 오름이 되고

순간을 찍다가 영원이 된 사내

두모악[**]에 가면
사진 속에서 걸어 나오는 사내를 만날 수 있다
아무것도 되지 않으려다
모든 것이 되어버린

돌 한 점 바람 한 올도 그가 인화한 폴라로이드 필름이다

이어도를 꿈꾸다가 끝내 이어도로 갔는가
이어도는 어디 있냐고, 거기 살고 있냐고 묻는데
불쑥, 발밑의 수선화가 고개를 쳐든다

아, 그가 여기 있었네

*2004년 48세로 루게릭병과 싸우다 요절한 사진작가 김영갑의 저서 『그 섬에 내가 있었네』에서 따옴
**김영갑이 병마와 싸우며 제주 성산에 폐교를 이용해 지은 갤러리

상사화

잎을 만나지 못한 꽃이
고개를 쑥 빼고 발만 동동 구르고 있다

제 발밑이 뿌리인 줄도 모르고
제 뿌리가 연리지인 줄도 모르고

꽃을 그리는 잎과
잎을 그리는 꽃이
땅속 깊은 球根속에 서로 발가락 얽고 있다

긴꼬리제비나비
꽃잎에 골똘히 앉아 있다 떠난 뒤

꽃술에게 귀띔을 했나?

와락, 꽃잎 진다

萬法歸一
歸一何處

그리움 낭자한 저 초서체

헛소리

헛제삿밥이 있다니요, 까치구멍 없는 까치구멍집조차도 헛말이었네요, 지지고 볶고 부친 것 몽땅 헛수고인가요, 흠향하러 헛걸음한 神位들 무성한 헛소문 따라 기웃거리다가 어디서 헛놀음이나 하고 있는지, 홍동백서 조율이시 어동육서 좌포우혜 없이 헛청처럼 뒤죽박죽 헛물켠 제물들 진설돼 있어요, 와자지껄 들고나는 손님들이 축문을 읽고, 술잔 부딪쳐 초헌을 대신한 건 헛치레인지도 몰라요, 음복한 음식들은 그러나 하나같이 헛맛이 아니네요, 모르겠어요, 헛것에 취해 헛다리 짚은 건지도, 배는 부른데 헛배인지도, 깨끗이 비운 상 위에 헛되이 헛기침 부려놓고 나왔어요, 야트막한 뒷산자락이 헛발질하는 걸 언뜻 본 것 같기도 해요, 쓸쓸히 헛웃음 날리며 돌아오는 길, 환청처럼 스치던 말은 헛말 아니겠지요? 사는 게 한바탕 헛꿈 아니겠냐는,

면벽

모시나비 애벌레가 깊고 깊은 잠을 잔다

마른 나뭇잎 둘둘 말아 감고 꿈길 더듬고 있다

파리한 허공에 내걸린 풍경처럼
바람죽비를 맞으며 깊은 겨울 건너고 있다

독방에 들어앉은 無期囚

눈도 없는데 보이고
귀도 없는데 들린다

망상어를 키우다

내 머릿속 자산어보에는
망상어만 산다
감성돔을 잡고 싶은데
수면 속에 서서히 잠기는 찌를 노려보다가
이거다! 싶어서 잡아챈 손끝에
불쑥 떠오르는 건 망상어뿐이다
놀래미나 볼락도 아닌 늘 그놈의 망상어가 문제다
입질은 분명 벵어돔이었는데
손맛은 분명 감성돔이었는데
딸려 올라오는 건 영락없이 망상어란 놈뿐이다

언제쯤 감성돔 잡을 수 있을까
별똥별 잘게 부수어 밑밥을 뿌려본다
손톱달로 찌를 달아도 보고
내 영혼 21그램, 봉돌로 매어 본다
본류대가 지친 숨결을 파도에 얹을 때까지
수중여에 가부좌 틀고 앉아
짜릿한 입질의 순간 기다려도 본다

시간은 무장무장 릴을 풀고

깜박 졸았던가?

채비가 조류를 타고 먼 은하수로 흘러가버렸다

이게 웬 망상?

우울한 몽상

　기차는 여덟 시에 떠났네 여덟 시는 너무 빨리 왔고 데오도라키스[*]는 카타리나 행 열차에 십일 월 늦은 저녁을 싣고 떠나고 그의 눈빛만 남았네 광장에 떠도는 눈발처럼 여덟 시만 남았네 아그네스 발차^{**}가 주섬주섬 목청을 주워 담네 십일월이 쓸쓸하게 밤을 건너고 있네 마리화나를 입에 문 하현달이 몽롱한 연기를 뿜어대고 있네 기적이 떠난 레일 위에 몇 량의 적막이 정차해 있네 마른 가랑잎들이 철로 저쪽의 어둠을 날라다 자꾸 공터에 쌓았네 기차는 카타리나로 떠났네 그리움 떠나보낸 곳은 어디라도 다 카타리나였네 비밀한 저녁이 낯선 역 플랫폼에서 끝없이 맴돌고 있네 LP판 소용돌이 속에 그는 갇혔네 여덟 시에 꽂힌 시계탑은 꼼짝도 안 했네 떠나간 것은 아무것도 없었네 우울한 몽상만 손바닥 밖에서 저물고 있네

*Mikis Theodorakis : 그리스의 반체제 작곡가겸 가수. 〈기차는 여덟시에 떠나네〉를 비롯 1000여 곡이 있음
**Agnes Baltsa : 그리스의 메조 소프라노. 그리스 가곡집 〈내 조국이 가르쳐준 노래〉란 앨범이 있음

비켜!

꽃게를 씹다가 어금니가 바스라졌다
모래톱 파고들던 발가락이
이빨을 물어뜯었다

꽃게에게도 칼날이 있었던가
잇몸에서 피가 솟았다
온몸이 들쑤셨다

사나이 가는 길 막았다고
단칼에 내리찍으며 외치는 말

저리 비켜!

들은 것도 같았다

경칩

冬安居에 들었다 지독한 칩거였다

햇빛 한 올 들지 않는 무문관

문밖에선 눈보라가 설렁설렁 설쳐댔다

틈을 엿보는 눈발 무심히 떠나보내고

침묵이 몸 안으로 길을 냈다

먼발치에서

무언가 꼼지락거리는 낌새

단전이 후끈해진다

불쑥, 문을 열고 뛰쳐나온 목련 끝

붓 한 자루

오도송인가

하늘 한 자락 펼쳐놓고 휘갈기고 있다

천상열차분야지도

天上에도 은하철도가 있어
무한궤도를 列車가 달리고 있나봐
빅뱅처럼 아득해 기적소리 들을 순 없지만
레일을 스칠 때마다 별빛이 태어난다는 걸
검은 밤들은 알고 있지
밤에서 밤으로 전해지는 우주의 비밀 우편함 속엔
태어난 별들의 敍事가 우글거린다네
방금 내 머리맡 기웃거린 별똥 하나는
은하驛 떠나 아폴론 만나러 가는 파에톤일지도 몰라
빛의 속도로 가고 또 가다가
긴 꼬리 거두고 에라다누스 江*에 떨어져 죽기도 하지만
空腹이 지나면 또다시
섣부른 모험심에 들떠 열차에 오르겠지
궤도 없는 궤도는
시작도 끝도, 과거도 미래도 없네
밤은 광속으로 우편함 뚜껑을 열어
찬란한 神들의 이야기를 실시간으로 전송한다네
간혹 열차들끼리 충돌해
굉음과 함께 번개 긋기도 하지만
별들은 열차바퀴 아래서 자꾸 태어나고

천, 상, 열, 차, 분, 야, 지, 도, 몇 장
내 주머니 속에서 낡아가네
별들도 지상을 떠돌더니 닳고 닳아
지갑 속에 납작 엎드린 채 제 운행을 의탁하고

*에라다누스 강 : 에라다누스별자리에 있는 강. 파에톤이 태양신 아폴론의 아들임을
  증명하기 위해 아폴론의 마차를 빌려 타고 하늘을 달리다 떨어져 죽은 강

흐르는 여백

징검돌 위에 눈 내립니다
돌들이 조금씩 자라납니다
하얀 꽃 벙글어 탐스럽습니다

개울바닥에 검은 이끼 달라붙어 있습니다
이끼를 덮고 흐르는 냇물도 검습니다
검은 냇물이 눈을 받아 삼키며 쉬지 않고 흐르는 밤
꽃잎은 밤새도록 부풀어 겹꽃이 됩니다

흐르는 냇물이 흰 돌꽃에게 검은 여백이 되어줍니다
여백이 검기도 하다는 걸 알았지요
여백이 되려고 냇물은
밤새도록 눈물을 삼키며 흐르고 있었나 봅니다

흐른다는 건
누군가에게
잔잔한 여백이 되는 것입니다

달콤한 무덤

유리병 속에 개미들이 빠져 죽었다
덜 막은 꿀통 틈을 노려 무작정 뛰어들었다
세렝게티초원의 누 떼처럼
꿀 흐르는 강물에 몸을 던졌다

제 몸이 결박당하는 줄도 모르고
꿀맛에 취해 허우적거렸을 개미
황홀했을까

강물이 누 떼를 집어삼키듯
꿀이 밤새 개미를 야금야금 집어삼켰다
꿀이 개미를 먹었다

쾌락의 끝은 나락

점, 점, 점,
한 무리 개미 떼
세상에서 가장 달콤한 무덤 속으로 사라져 갔다

파피루스

그해 비닐 장판 위에는 짓무른 여름이 나뒹굴고 벽에선 모란꽃이 시들어갔다 나는 고치 속에서 산누에나방애벌레처럼 밀린 잠을 잤다 창밖에서 휘파람새가 불러댔지만 잠든 머리카락만 창밖을 기웃거릴 뿐이었다 막힌 열쇠구멍으로 바람이 들락거렸다 나는 어둠의 딸! 한낮에도 몽유를 앓았다 불온한 니코틴이 벽을 뒤덮었다 그림자가 그림자를 잡아먹어 자꾸 캄캄해지면 창백한 눈알이 방구석에 굴러다녔다 하루가 무성영화처럼 죽죽 늘어졌다 삼십촉 백열등에 달라붙어 마르던 오래된 편견들, 바리움 2mg은 너무 가벼워 우울증에 빠진 해는 벼랑쪽으로만 기울었다 책갈피에 들어가 누우면 압화처럼 해쓱한 내가 보였다 누군가 나를 읽고 있었다면 나는 둘둘 말려있었을 것이다

돌새, 날아오르다

석남사 길옆 냇가에 돌멩이들이 앉아있다
누가 저 돌멩이에게 가벼운 부리를 달아주었나
금방이라도 날아오를 것처럼
다리를 잔돌 속에 묻고 자그르르 울고 있다
가던 길 버리고 냇가에 앉아
날아오르려는 마음 누르며 돌탑을 쌓는다
부처를 만나면 부처를 죽이고
조사를 만나면 조사를 죽이라고
푸른 어록을 쏟아내는 냇물소리 감고 앉아
헛발질하는 돌멩이 어르고 달랜다
미끄러지거나 굴러 떨어지거나
몸을 허무는 돌멩이들 쓰다듬다보면
부처도 조사도 온데간데없다
아교 같은 숨결, 불어넣으면
제자리 찾아 궁둥이를 내려놓는 돌멩이들
물소리 콕 쪼며 치켜든 부리에
가지산이 물린다
가볍게 물박달나무 가지로 날아오른 새떼
내려놓은 무게도 온데간데없다

하늘 방생

남한강에 방생한 숭어가
언제 저렇게 솟구쳐 신륵사 허공에 매달렸나
아가미를 벗어나려던 안간힘이
아직도 살아있는 듯
팽팽하게 하늘강을 헤엄친다

북이 된 소처럼
텅텅 울고 있는 저 목어
얼마나 두드렸으면 속이 다 비었을까

침묵이 운다

목어를 두드리는
사미의 손놀림이 빨라진다
시퍼렇게 매 맞는 숭어
눈 부릅뜬 채
만트라*에 실려 정토로 가고 있다

낮달 속으로 헤엄쳐 가는
수월관음 숭어 한 마리

＊mantra : 진언, 呪, 神呪로 번역. 힌두, 불교에서 영적인 능력을 가진다는 신성한 말

초야

물결이 물잠자리 알 먹어치웠다

목련꽃 가지를 부러뜨리고

호박벌 한 마리 날아와 꿀을 파먹었다

민달팽이가 집을 버리고

채마밭 한 뙈기 갈아엎었다

각질을 벗어던진 딱정벌레가

달에 박힌 계수나무를 찍어냈다

맨홀에 빠진 스물아홉 태양의 선혈

새벽하늘에 낭자했다

共生

　제 우듬지를 빌려주고도 내색조차 없는 늙은 감나무에 까치가 집을 지었다 높고 위태로운 공중누각! 어두운 밤, 새들이 길을 잃을까봐 감나무는 감빛 등불 몇 개 켜두었다 子正 무렵 가만히 귀 기울이면 감나무가 새 울음소리를 낸다 백년쯤 서 있어 주저앉을 듯 앙바틈한 둥치에서 까작까작 까치소리가 난다 달빛이 담을 넘어오는 날이면 나뭇가지가 일제히 날개를 펴고 날아오를 태세다 온몸이 얼기설기 까치집인 감나무, 나무도 때론 비상을 꿈꾸는가

　까치들도 그걸 알고 가끔 집을 비운다

III

마음經

실상사 뒷간
들창에
굴뚝새가 앉아 있다

새 한 마리 앉은 자리 몇 평?

굴뚝새 한 마리
잠깐,
앉아 있다 박차고 날아간

들창 밖 허공은 몇 평?

벚꽃 명함

가지가 휘도록 만개한 벚꽃잎을
누가 서둘러 따버렸을까
부산히 드나들던 벌떼들이
꽃술 속에 독침을 찌르고 사라져 버렸나
흉터 하나씩 배꼽에 단 꽃잎들
발밑에서 비명을 지르고 있다

간밤에 무슨 일이 있었던 걸까

0XX-XXX-XXXX
싱싱걸, 이름은 미인.

떨어져 누운 꽃잎 틈에
찢어진 벚꽃 무늬 명함 속
웃고 있는 한 여자
저 은밀한 통화지역으로 누가 밤새 교신을 남발했을까

보일락 말락
뽕브라에 달랑 벚꽃무늬 팬티만 걸친 저 길바닥 여자
발에 밟혀 금세 잊혀지는 여자

매일 피기도 지기도 하는
그런 여자

깜냥

그늘을 늘였다 줄였다, 머리를 감았다 털었다, 삼투압을
높였다 내렸다,

호숫가 수양버들
제 맘대로다

입양한 까치새끼를 파양한다고 법석을 떨더니
구름 양산 쓰고 낚싯줄 드리우고 서서
잉어를 낚았다 풀어줬다,

그늘 멍석을 펴는 오후가 되면
거동 불편한 노인 몇 불러내는데
흐릿한 시선 거두어 호수 저편까지 실어 나르는데

얼굴 주름 늘였다 줄였다, 명아주지팡이 싹둑 잘랐다
이었다,

줄줄이 하프를 퉁기다 말다, 비음을 날리다 말다,

깜냥대로

호수를 휘젓고 산다

살구나무 목탁

출가한 살구나무가 있다
백 년 동안이나
봄이면 열꽃으로 화들짝 들뜨다가
가문의 紋章처럼 열매를 쏟아내다가
불현듯
제 몸의 생로병사가 궁금해졌나?
몸뚱이 잘라버리고 뿌리만 오롯이 고행에 들었다
연못 속에 가부좌 틀고 앉아
진창 속 삼년을 견뎌 진흙과 하나가 되었다
붓다가 새벽별 보고 크게 깨달았듯이
수면에 뜬 물별을 보고
아라한이 된 살구나무 뿌리가
법륜을 굴린다
텅 빈 목구멍 속에
살구꽃 벙그는 소리, 잎 지는 소리
가지에 눈 얹히는 소리
연잎에 물방울 구르는 소리
또옥, 또드락, 따그르르,
있는 듯 없고 없는 듯 如如하다고
파르라니 삭발을 하고 대웅전 법상에 앉아 설법을 한다

南無 살구나무佛

빗방울 변주곡

    구름이, 하늘막을 연다 잠시, 암전 뒤 젖은 바람 미끄러져, 소매 끝 빗방울, 건반을 두드리고, 마당에 벌어지는 한낮의 토카타, 처마 밑 고무 함지, 둔탁한 저음의 트럼본을, 스텐다라이 트럼펫, 시큰둥한 볼멘소리 툭, 던진다 대야에 고인 마림바 퉁기던 빗방울, 손가락으로 노랑장미 얼굴, 슬쩍 어루만지다가 나둥그라진다 여러 대의 팀파니, 후박나무 잎은 굵고 곧은 줄기가, 울림통이다 이미, 오카리나로 서주를 불고 난 새들, 둥지에 틀어박혀 귀, 열어놓고 소리숲, 점점 울창해져 방 안을 꽉, 채운 뒤 갈비뼈를 밟고 내려가 통주저음[*], 깨운다 음계 없는 呪文같은 저 통주저음, 언제부터 눌어붙어 있었나 몸통이 첼로인, 女子 목울대 솟구치는 소리, 볼륨을 높인다 바람, 점점 빠르게 빗방울을 몰아가고, 숨 가쁜 질주 끝 절정, 지난 뒤 소리를 삼키고 시치미 뗀 얼굴들, 세상 모든 건 소리를 품고, 빗방울이 가끔 그걸, 꺼내서 말끔히 닦는다

*통주저음 : 연주자가 주어진 저음 외에 즉흥적으로 화음을 곁들여 반주성부를 완성시킨 일, 또는 그 저음부분

불면

깊은밤
초야처럼불밝히고있었다
기다리는사람은오지않았다
무덤깊었다
흉흉했다
부장품만나뒹굴었다
홀로향피리불었다
실뱀이푸른연기를피워올렸다

가슴속갑골문을훔치려고
유서깊은청동거울깨뜨리려고
은사시나무반짝이는머리칼을베려고

복면한자객
창틈으로칼날을꽂았다
하얀피만솟았다

파랗게날선
저그믐달

늙지 않는 그림

 어둑한 방에서 알라딘을 읽었지요 땅바닥에 주저앉는 고드름이 책장을 찢고요 램프의 불빛은 꽁꽁 얼어붙었어요 입김을 불어 램프를 닦다가 잠이 들었는데요 밤새 쪽창 밖으로 눈꽃이 만발하고요 나는 쟈스민 공주처럼 양탄자를 타고 왕궁으로 가고 있는데요 문득 아버지의 비질소리에 양탄자가 놀라 떨어졌지요 나는 왕궁으로 들어갈 수가 없었어요 텅 빈 도화지 속에서 아버지는 자꾸만 허공을 쓸고 아홉 켤레 신발만 둥둥 떠다녔어요 왕궁은 자꾸 지워지고 하얀 고슴도치가 된 아버지, 발톱이 다 얼어 터졌네요 요정 지니야, 어디 있니? 램프는 어디로 간 거니! 마법사 자파는 독수리처럼 머리 위를 빙빙 돌고 아버지는 빗자루처럼 늙어갔죠 알라딘은 이미 다른 램프를 찾아 떠나버리고, 양탄자에 눌려 내 키는 더 이상 자라지 않고, 빈 도화지만한 창문 한 틀이 왕궁처럼 걸려 있어요 먼 페르시아 벌판에 백 년째 하염없이 눈만 퍼붓고

낮달

사금파리 조각이 하늘을 찌른다

옆구리 찔린 도요새 한 마리 자지러진다

탐진강을 베려고 날을 꽂다가

강물 속으로 곤두박힌다

물살에 몸을 베인 은어 떼

강물을 거슬러 솟구치다가

월출산 등허리에 산란을 한다

무위사 석탑 속으로 사라지는 은어 떼

비늘 몇 개 묶어 지느러미에 꽂는다

아무 일 없었다는 듯

도요새 한 마리 날아올라 낮달 속으로 사라진다

공중정원을 훔쳐보다

폭포 거슬러 오르는 열목어를 보았다

을수골 칡소폭포
生의 꼭짓점 찍고 솟구치는 눈이 뜨거운 새들을 보았다

포말을 밟고
암벽을 흔들기도 하면서

이신바예바처럼
神들의 공중정원을 훔쳐보려고
기어이 폭포를 기어오르고 있다

외뿔 위에 선 도약

물줄기를 장대 삼아
꼬리지느러미 휘두른 도움닫기 끝에
박차고 날아오른 공중!

生은 그 눈빛만큼 치열하게 눈부셨을까
훔쳐본 神들의 정원은

열망을 꿈꾸는 자에게, 도약은
또 다른 추락이다

生木에 새긴 파피루스

모과나무 분재 속에서
우연히 오래된 빗방울 지문을 보았지요
부식되어 바스락거리는
빗방울 지문을 읽다가
그만 아득해져서 무언가에 받히고 말았지요
온몸이 뿔이었어요
웅얼거리다가 내뱉은 순한 뿔이었지요
오갈 데 없이 주저앉은
겨울에만 도드라지는 뿔이었지요
살아있는 甲骨文이었지요

生木이 두른 두루마리를 펼치자
보름달처럼 뜨는
모과 한 알

우주 한쪽이
짧고 굵은 등걸 속으로 기우뚱 저물고 있었지요

모항別曲

낮술을 들이켠 게 틀림없다 저 사내
어깨 기우뚱, 휘청거리다가 파도를 끌어다 베고 누워
달아나는 女子의 등 뒤에 토악질을 해댔다
만곡의 허리를 한 번 더 구부려 女子는
이별주 한 잔을 건네고
쌍봉낙타 등에 걸터앉았다
붉은 포도주가 잔 밖으로 흘러 넘쳤다
남은 마지막 한 방울까지 탈탈 털어 넣고 나서
사내는 女子를 향해 술잔을 힘껏 내던졌다
유리잔인 줄 알았는데
조각달이었다, 볼우물 살짝 문 女子
잠깐 웃는 눈짓이다가
꼬리도 안 남기고 붉은 사막 너머로 아주 사라졌다
먼 서역이었다
바다는 실크로드처럼 사내의 발끝에 닿아 펄럭였다
사내는 불씨를 일구었다
그 많은 잉걸들이 어디 숨어있었는지
불빛 아래 달아난 女子의 그림자 아득히 깊어갔다
사내의 눈이 깊어갔다

목련

무슬림 여인들이 부르카를 뒤집어쓰고 오종종 몰려있다

모래바람에 맞서
눈만 빠끔히 내놓고 있다

감춰진 관능이 향낭처럼 아찔한
베드윈 여자

한 여인이 부르카를 벗어던진다
뒤따라 또 한 여인도 부르카를 벗어 집어던진다
부르카 속에 숨어 있던
까만 눈동자는 보이지 않고
흰자위만 남았다

알라의 이름으로
알라흐 아크바르*

아라베스크 문양 위로 나부끼는
무슬림 여인들의

눈부신 속살

＊이슬람의 기도문 중 하나: 하나님은 가장 위대하시도다

삼전지묘*

난잎이 세면 자연스럽게 돌아간다는데
左蘭 30년, 右蘭 30년
평생을 바치고도 욕심이 없어야 그릴 수 있다는데
삼전지묘가 안 되면
난잎이 아니라 풀잎이라는데

외뿔처럼 내닫는 마음의 고삐
얼마를 치고 당겨야
환한 향기를 터뜨릴 수 있을까

무딘 혀끝 벼리어 난을 치지만
벼릴수록 무뎌진다

풀잎 따라가면 난잎 보일까
풀잎 위에 서서 길을 찾는다
묘법,
몇 번을 고꾸라지고 뒹굴어야 깨달을 수 있으려나

길은 아직 멀다

*三轉之妙:난잎이 세면 자연스럽게 돌아가는 모습을 묘사하는 동양화 기법

무임승차

오솔길 초입에
낡은 침목이 계단을 깔았다
라싸로 가는 티벳의 노파처럼
갈라지고 터진 몸뚱이를 길 위에 구부렸다
궤도를 이탈한 것은
기차가 아니라 저 침목이다
행간에 숨은 은유처럼
숲에 드는 발걸음 꽃잎이어야 한다는 건지
산벚나무 한 그루 버티고 서서
꽃잎 승차표를 찍어내고 있다
행선지 없는 승차표들
바람이 레일 밖으로 흩어버린다
닳아빠진 무릎으로 순례의 이마 끝없이 조아리며
라싸로 가는 티벳의 노파
따라나선 개미 떼 한 무더기 업고 있다
노랑눈썹멧새 한 쌍
슬그머니
제 깃을 접고 앉는다

曲盡

참마덩굴이 전선을 휘감고 올라

옥상 난간을 붙잡더니 기어코 빨랫줄을 점령해버렸다

줄에 널린 빨래를 언제 훔쳐보았을까

햇볕에 널어 몸을 말리고 싶었을까

저 높은 곳을 향한 순례자의 천로역정

曲盡하다!

간곡한 것은 저렇듯 구불구불 기어오르는구나

손에 잡히는 것마다 기필코 붙드는구나

높이 오를수록 뿌리 굵어질수록

한 뼘씩 하늘 가까워지고 있다

날개 달고 우화등선하고 있다

붉은 적막
― 빨간 넝쿨풀*

창문은 닫아두라구?

눈, 감으면 안 돼! 저 촉수들은 나 하나쯤 삼키기에 충분히 새빨개
無憂樹 그늘에 불안을 묻고 바람은 막다른 골목에서도 잽싸게 날개옷 걸친다네

가을은 만종처럼 깊지
새들은 휴지부의 적막을 휘파람으로 날리고
수취거부의 이력서 구겨 쥔 나무들 노숙을 준비하고 있어

도심에 유배된 낮달을 본 적 있네 배회하는 룸펜처럼 고고한 척
제 얼굴이 불온한 줄 모르는, 타는 노을의 봉분 속으로 사라지는 줄도 모르는

한 번도 꽃피운 적 없는데 꽃이 돼버린
불꽃들 마음껏 피어오를 수 있는 저녁 한때야
파리한 낮달도 제 하얀 뼈 수습할 때!

눈동자 크게 열어젖히면 저것 봐, 창문을 골라서만 타오르는 불기둥
창을 열어
불길 한 자락쯤 미리 불러 火印 치는 일 나쁘지 않아

압류된 길 끝에 빨간 딱지처럼 서서 잇몸에 맞지 않는 틀니 덜그럭거리는 나는
뿌리를 떠난 발가락만 꼼지락거리네

뿌리가 없어도 타올랐을 내 집은 이제 화염바다야

華嚴의 바다야

＊에드바르트 뭉크 作. 캔버스에 유채. 120×120cm. 1900년

분꽃

곳집 지나 성황당 지난다
요령소리가 거머리처럼 달라붙는다
당산나무에 매달린 길녀 언니가 목을 길게 빼고 손짓해 댄다
주저앉은 애기무덤 끼고 산모롱이 돌면
숨넘어가는 애기 울음이 신발 뒤축을 물고 늘어진다
콩꼬투리도 무섬증에 탁탁 나자빠지는 콩밭 지난다
냇물에 빠진 별무더기 머리 풀어헤치고
발목을 잡아당긴다
몽달귀신 물귀신 달걀귀신 당목귀신
뒤꽁무니에 줄지어 매달고 들어선 마당 한 구석
어머니가 호롱불 켜들고 기다리고 있다
배꼽 가득 불빛을 수태시키자
몽달귀신 물귀신 달걀귀신 당목귀신들
온데간데없고
호롱불 한 무더기만 피어있다

그 불빛, 너무 환하다

IV

바다에서의 一泊
— 이중섭의 〈파도와 물고기〉를 보고

물고기座에서 쫓겨난 물고기 두 마리 바다에 갇혔습니다

오래 전
그리움이라는 자일을 붙잡고 별을 따러다
바다에 빠져 죽은 한 사내가
섶섬이 보이는 서귀포 앞 바다에 떠올랐습니다

天桃속에나 있을
1.5평* 황홀한 거처에 들어

하룻밤, 저 바다에서 묵어야 하겠습니다

*이중섭의 네 식구가 기거하던 서귀포 초가의 방 넓이

쑥

쑥을 뜯는다
쑥잎이 향기를 내지른다 코를 찌른다
향기도 쌓이면 이렇듯 지독해진다

손가락에 검푸른 쑥물이 밴다
박박 문질러도 지워지지 않는다
등뼈가 부러질 때 내뿜은 골수였구나
곁가지 뻗을 때 쌓인 어혈이었구나
제 어혈로 남의 어혈을 쑥, 뽑아 다스린다니
그만하면 이름값 톡톡히 하는 셈

소쿠리 속에 손을 넣으니
쑥들이 열에 들떠 뜨끈뜨끈하다
세상 밖으로 내민 고개 사정없이 꺾일 때
열 받아 토해낸 울화였구나
제 열로 남의 오한을 쑥! 뽑아 다스린다니
이름이 쑥,인 게 당연하다

안드레아 보첼리[*]

　당신은, 그윽하게 호수를 바라보고 있다 호수는 당신의 실루엣, 호수에선 달의 신 아르테미스가 목욕을 하고 있다 밤은 적막을 끌어오고 달빛은 점점 교교해진다 물속을 빠져나온 그녀가 당신의 무릎 위에 걸터앉는다 그녀의 젖은 머리칼이 달빛 아래 은실을 늘인다 당신은 애원하듯이 그녀에게 말을 건다 Time to say goodbye,

　당신은, 바람기둥과 구름지붕으로 움막을 짓는다 나뭇잎 침상에 그녀를 눕히고 당신은 그녀의 머리칼로 칠현금을 탄다 그녀의 눈동자 속으로 푸른 별들이 접신하듯 내려와 숨는다 그녀의 눈동자 속에 숨은 별들을 꺼내 당신의 눈에 단다 아쿠아마린이 푸른 심장처럼 박힌 두 눈으로 밤늦도록 그녀를 젓는 당신, 소용돌이에 갇힌 호수는 휘파람새 되어 밤새 울고 있다 Time to say goodbye,

---

[*] Andrea Bocelli : 이태리의 맹인 테너 팝페라 가수

코끼리 발자국에는 지문이 없다

여자 아이가 밭둑에 처박힌 채
겁에 질려 울음을 깨물고 있다
품에 안겨있던 곰 인형이 멀뚱멀뚱 바닥을 뒹굴고 있다

한 마리 수코끼리가 꽃잎을 훑고 지나갔다
여린 꽃송이가 육중한 발바닥 밑에서 짓뭉개졌다

풀잎은 새파랗게 자지러져 있다
아이는 눈을 흘기고
못 본 척 떠가는 구름을
매섭게 쏘아보고 있다

찢어진 치맛단을 끌어올리는 아이의 등짝을
도깨비바늘이 후벼 파고 있다

코끼리 발자국에는 지문이 없었다

아버지의 트럼펫

아빠하고 나하고 만든 꽃밭에 나팔꽃 어울리게 피었어요
황혼녘의 아버지가 나팔꽃을 뚜뚜따따 붑니다

싸이판 사탕수수밭은 망망대해였다는데 야자수 잎에서 지독한 화약내가 진동했다는데 아버지는 트럼펫에서 풀린 애절한 소리로 고국을 향해 길을 냈다는데 달빛이 그 소리를 따라 고향에 닿곤 했다는데 포탄도 그 길만은 비껴 날았다는데 전쟁이 끝나고 베어버린 수숫대처럼 팽개쳐진 사람들 속절없이 죽어갔다는데 구사일생으로 남은 수숫대들끼리 간신히 귀국선에 올랐다는데 주먹만 한 수제비를 먹고 시뻘건 수숫물을 밤새 게워내기도 했다는데 태평양 한가운데 스스로 물수제비를 뜨며 가라앉은 이들도 있었다는데 아버지는 트럼펫을 불며 공포를 물어뜯었다는데

아버지가 시든 나팔꽃을 따 입에 뭅니다
꽃물이 번지는 황혼 속을 뚜뚜따따 걸어 들어갑니다

휴일

봉평
메밀 꽃밭
잃어버린 날개를 찾아 날아왔나,
저 나비떼

구름표범나비 산은줄나비 산굴뚝나비 높은산세줄나비
별박이세줄나비 각시멧노랑나비 오르락내리락

눈많은그늘나비 알락그늘나비 꼬마알락희롱나비 줄꼬
마팔랑나비 거꾸로여덟팔나비 청띠제비나비 봄어리표범
나비 파랑파랑

뒷무늬물띠네발나비 산네발나비 유리창나비 도시처녀
나비 가랑잎나비 귤빛부전나비 검은테떠들썩팔랑나비 긴
꼬리제비나비 흥청망청

메밀꽃에 취해
날갯짓에 취해

나비처녀가 되어

나도 온종일 비틀비틀

늙은 기타리스트

접이식 의자에 앉아 있는 늙은 기타리스트
고개를 접고 허리를 접고 팔 다리를 접고 있다 얼굴 근육과 눈꺼풀까지 접고 있다 곧 의자와 함께 접힐 것 같다

접는다는 건 포갠다는 것 스스로 의지처가 된다는 것 가장 간편한 수납 형태가 된다는 것

몸뚱이를 수납하기에 밤은 안성맞춤이다 최대한 몸 구부려 울림통 속으로 구겨 넣겠다는 듯 필사적으로 낡은 기타를 끌어안고 있다 이미 그의 몸은 기타의 일부가 되어가고 있다

꿈을 꾸는가
플라멩고 추던 아랑훼즈의 집시 여인을 그리는지 샹그리아와인 홀짝이며 알함브라궁전 뜰을 천천히 거닐고 있다

길보다 숲이 되고 싶은가
잃어버린 전설은 닳아빠진 그의 손톱 밑에서 흐느적거리는데 길 끝에 주저앉아 차리리 그는 숲이 되려한다

낙관

영국사 은행나무가
허공에 전각을 새긴다
푸른 살점을 깎아내고
제 몸을 양각으로 새긴다
천 년의 움을 틔우고
천 년의 잎을 지우고
일필휘지
하늘엔 실금 한 올 없는데
칼날 비낀 자국 살갗에 깊다
전각 틈에서 울려나오는
운판 두들기는 소리
영국사 은행나무가 허공을 친다
온몸으로 낙관을 친다

새들은 가슴을 풀어헤치고 난다

벌거숭이 새끼 두 마리를 옥상 시멘트바닥에 내려놓고
찍찌그르르르,
찌르레기가 울어댄다

얼룩 하나 없이 져버린 능소화꽃잎 같다

꽃잎에 깃들어 있던 눈물을 뙤약볕이 거두어간 후
살구씨만큼 졸아붙었다가
작은 흑갈색 단추가 된 새끼들,
눈 감은 단추 구멍 옆에 발가락이
가녀린 실밥처럼 달려 있다

높은 나뭇가지에서부터 이어진 어미와의 질긴 끈이
떨어진 단추 구멍에 어른거린다
배꼽이 질기다

햇빛 바늘을 물고 날아와 종일 서성대는 찌르레기
주워서 꿰맬 수만 있다면
도로 물어가고 싶은가 보다

단추를 떨어뜨리고
새들은 어떻게 옷깃을 여미나

풀어헤친 앞가슴에서 생각난 듯 울음이 나부낀다

달챙이 숟가락

 닳아빠져 그믐달이 된 놋숟가락, 찬장 구석에서 쪽잠 자던 달챙이 숟가락, 아쉬울 때 화들짝 찾던 달챙이 숟가락, 질긴 자주감자 껍질 벗길 때 요긴하던 달챙이 숟가락, 뾰족한 끝날로 감자 눈 콕콕 후벼내던 달챙이 숟가락, 가마솥에서 누룽지 감쪽같이 각을 떠내던 달챙이 숟가락, 가끔은 가려운 등짝 긁어주기도 하던 달챙이 숟가락, 감자껍질이 파먹은 달챙이 숟가락, 누룽지가 베어 먹은 달챙이 숟가락, 두레밥상에 변변히 오르지도 못하던 달챙이 숟가락, 서쪽으로만 기울어지던 달챙이 숟가락, 마침내 하늘 한 번 흘기고 꼴깍 져버린 달챙이 숟가락,

 더 닳을 데도 없이 닳아빠진 엄마가 기우뚱 서산에 걸려 있다

죽음을 기억하라

괭이 한 마리가 밤새도록 밤의 고막을 찢는다 달의 미간을 찢는다 창문을 찢고 커튼을 찢는다 산세베리아 이파리를 찢고 긴장한 공기를 찢고 만리향의 향기를 찢고 불안한 주파수를 찢고 새벽안개를 찢는다 새벽 토막잠을 물어뜯어 흔들어댄다 놀란 대추나무가 부스스 흰 꽃을 떨어뜨린다

작약꽃포기 사이 새끼괭이 한 마리가 죽어 있다 아, 저 주검을 어쩌지 못해 밤새 어둠을 찢어발겼구나 어미의 피울음이었구나 작약꽃 볼이 참담하게 붉다 memento mori, memento mori* 울음의 곡절 다 새겨두었다는 듯 memento mori, memento mori 꽃술에 밴 눈물 좀체 마르지 않는다 보아라, 죽음의 저 간곡한 마블링…….

---

*memento mori : 죽음을 기억하라는 뜻의 라틴어

난생설화

바람의 요람 속에 잠들어 있는 내
아뢰야식,
백야의 잠 속 드나드는 당신을 잊은 적 없지
갈대 絃 켜는 얼후 소리 그립기도 했지

미륵은 오십육억 칠천만 년 뒤에야 하생한다는데
눈꺼풀 무겁게 닫아걸고
무릎 오므려 발톱은 순하게 다듬고
무량수라도 기다릴 거야

깜깜한 알에 불이 켜지면
톡, 톡, 누군가 탁란하는 소리
백악기 초원 어슬렁거리던 당신인가

가녀린 바람에도 파르르 떠는 당신 외뿔이 보여
뿔에 감긴 치렁치렁한 햇살이 보여

미로처럼 쓸쓸한
센트로사우루스,
누가 당신에게로 가는 길 한 끝을 바늘귀에 이어놓았네

그리움의 발걸음 한 땀 한 땀 떠가면 언젠가
용화수 아래서 미륵 만나듯
당신을 다시 만날 수 있을까

내, 전생이었던 당신

전언

대추나무가 미쳐버렸다

휘파람새가 흘리고 간 모음 자잘하게 받아 적더니
별빛 찍힌 발자국 더듬어 상형문 끄적이더니
붓을 꺾겠다고 한다
필생의 일을 놓아버리겠다고 한다
눌변을 찌르던 가시도 무뎌지고
산발한 더벅머리로 철야 농성중이다

사시사철
마당 한구석에서 견딘 외로움이 극에 달한 모양이다
그의 외로움에 한 번도 동참하지 못했다
해마다 몇 됫박씩 말 걸어오던 눈빛
붉은 전언일지도 모르는데 무심히 삼키기만 했다

외로움에 겨워 툭툭 내뱉은 잎새들
빈 까치집 몇 채 들이고 있을 뿐
꽃은 더 이상 눈 뜨지 않고
까치들 다신 날아오지 않는다

내게 미치지 못한 네 비원이 헛되이 허공을 쓸고 있다

바람꽃

太白의 이마가 서늘하다

고랭지배추들이
낮은 포복으로 스크럼을 짜고 있다

배추밭 고랑 사이로 바람의 길이 보인다

바람을 품을수록
몸통을 불리는 배추

속살 깊이 들어앉은 고갱이가
바람의 꽃이라는 걸
太白에 와서
처음 알았다

탁발

떡갈나무 한 그루가
바리때 들고 서있다
공들여 빚은 그릇
공손히 받쳐 들었다

걸승처럼
해진 옷 벗어 던진
알몸의 卍行

저 간절함으로
떡갈나무는 겨울을 건넜을 것이다
탁발의 苦行을 견뎠을 것이다

고봉밥이 담긴 바리때에서
발등에 쏟아지는 눈부신 밥알들

뿌리가 후끈해진다

쯔쯔가무시

이 가을 서어나무숲이 쯔쯔가무시를 앓는다 가지에서 가지로 잎에서 잎으로 진드기들이 순식간에 퍼뜨린 병이다 전신이 고열에 떠있다 나뭇잎마다 발진이 인다 욱신거려 잠 못 드는 숲의 비명이 숲에서 숲으로 밤낮없이 퍼져나간다 냇물에 손을 적신 아가위 잎새들이 오한으로 푸르르 떨기도 한다 머리가 다 빠지도록 앓는다 서어나무, 가을 내내 앓을 것이다 속속들이 헐 것이다 쉬 아물지 않을 것이다 하늘은 멍 자국으로 내내 푸르다 한바탕 앓고 나야 이마가 서늘해지는 가을병

한때 내 사랑,
저런 적 있었다

구름 산책

구름은 어떻게
발 없이도 하늘을 다 건널 수 있는지

구름을 뜯어봐 찬찬히, 그리고 구름의 보폭으로 걸어보는 거야

발 없이 걷는 일이란 흐르는 거라고
흘러흘러 강물이 되는 거라고 혹은 장렬한 문장이 되는 거라고

단식으로 야위어도 강물은 슬프지 않아 구름이 배후라는 걸 알기 때문이지

이합집산이나 천변만화는 통과의례일까
끊임없는 복제는 필연일까

격납고에서 몰려나와 편대비행에 나선 비행운이 휙휙 날기도 하고

가시연처럼 구름을 뚫고 빗살무늬 물고기가 베란다에

떨어지는 날도 있어
　월척은 항상 의외야
　내 옆구리의 지느러미는 예외야

　엊저녁엔 스스로 제 주검을 다비했고 (얼마나 황홀한 의식이었는지!)
　품 안에 잉태한 씨앗을 (구름도 광합성을 하나봐!)
　오늘은 주룩주룩 뱉어내고 있어
　구름의 열매인 저 빗방울

　구름의 보폭으로 걸어보면 구름문양의 청자 한 점 얻을 수 있어
　흐르는 유물이야
　깨지지 않는, 그러나 만질 수 없는

[해 설]

감각의 구체를 통한 '환'과 '실재'의 결속

유성호(문학평론가, 한양대 교수)

1.

이정원의 첫 시집 『내 영혼 21그램』(천년의시작, 2009)은, 다채로운 감각과 상상력에 의해 그려진 경쾌하고도 심미적인 화폭이다. 시인은 시집 첫머리에서 "詩는 가시의 寺院"(「自序」)이라는 인상적인 표현을 하고 있는데, 언뜻 실존적 고통을 연상시키는 이 '가시'는 항상 그녀 시편으로 하여금 감상(感傷) 과잉으로 기울지 않게 하는 적절한 균형추 역할을 하고 있다고 생각된다. 언젠가 철학자 키엘케골은 자신의 삶을 감싸고 있는 우수(憂愁)를 '육체의 가시'라고 표현한 적이 있는데, 이때 그의 우수는 코펜하겐 거리의 무기력한 나락(奈落)이 아니라 한 사상가의 정신을 단련시킨 날카로운 칼이었다. 비유컨대 이정원의 '가시'

또한 자신의 시를 견고하게 정련해온 담금질의 은유적 표현일 것이다.

그렇다고 이정원 시편이 자기 탐닉의 나르시시즘으로 귀결하는 것은 결코 아니다. 오히려 그녀는 탄탄한 지적 절제를 통해 사물의 속성과 자신이 지나온 시간을 깊이 응시하면서 그것을 매우 심미적인 형상으로 변형하는 지속적 활력을 보여준다. 그래서 그녀 시편은 성장 서사를 얼개로 하기 쉬운 첫 시집의 보편 문법을 일거에 뛰어넘으면서, 다양하게 산포된 심미적 풍경을 펼치고 있는데, 그 점에서 이정원 첫 시집이 우리 시단에 나오는 뜻이 매우 깊다.

인상적으로 보아도, 이정원 시편은 경쾌한 활력에 가득 차 있다. 그녀 시편에는 '나비'도 많이 날아다니고, '구름'도 '새'도 '바람'도 '꽃잎'도 '고추잠자리'도 '허공'도 모두 가벼운 감각으로 활달하다. 간혹 그녀가 '자기(瓷器)'나 '전각(篆刻)' 같은 고고학적 대상들을 응시할 때도 그녀의 감각은 의고적(擬古的) 회상에 잠기는 일이 좀처럼 없다. 오히려 가장 첨예한 상상력으로 번져가는 그녀의 언어들은, 비록 그 시선이 '무덤'이나 '우물' 같은 곳에 가 닿을 때에도, 혹은 고전적 절조를 향하고 있을 때에도, 그 안에서 불꽃으로 피어오르는 기화(氣化)의 감각에 감싸여 탄력 있게 솟구칠 때가 많다. 그래서 그녀 시편들은, 다양한 감각과 상상력으로 풍요롭지만, 추(醜)와 불협화음의 미의식에 집중하는 최근의 어떤 지향과는 전혀 어울리지 않으면서, 감각의 구체를 통한 자신만의 경쾌한 '21그램'

을 보여주고 있는 것이다.

2.

 이정원 시편을 생성하고 지탱하는 가장 원천적인 힘은 사물을 향한 일관되고도 섬세한 관찰과 응시에서 우러나온다. 하지만 그 시선은 사실적 재구(再構)에 공을 들이기보다는 일종의 환영(illusion)을 동반하는 복합적 국면에 깊은 관심을 할애한다. 그 점에서 이정원 첫 시집이 우리에게 선사하는 중요한 음역(音域)은, 경쾌하고도 탄력 있는 감각의 구체를 통한 '환'과 '실재'의 결속일 것이다. 제목부터 '환(幻)'을 달고 있는 다음 시편을 먼저 읽어보자.

 눈송이 하나 뱃속 진자리에서 동글동글 자라났어 떡잎을
 내고 덩굴손 뻗어보지만 움켜쥔 건 허공뿐이었어 겨울이었
 으니까
 겨울이 얼마나 깊었는지
 나도 모르게 외로움에 겨워 배불뚝이가 되었어
 눈사람을 잉태했던 거야 겨울이었으니까

 기억은 자꾸 복제되네 오래전에 떠놓은 탁본 같아
 눈사람은 하얀 그림자만 남고

 한해살이 풀씨를 삼켰던 거야 겨울이었으니까 바람은 겨

우내 풀씨를 끌고 다니다 아무 데나 처박지
　아무에게도 눈에 띄지 않는 삶도 있어 겨울이었으니까

　그런데 그,
　풀씨들은 어딜 떠도는 걸까 이 겨울, 바람이 자꾸 검은모
루동굴 속 유적을 들추는 날

　진눈깨비 퍼붓네 생머리 싹둑 자르고 요람 흔드는 대신
겨울나무를 흔들어댔어 겨울이었으니까

　업고 있던 눈사람 따윈 내려놓기로 했어 이미 후줄근한
등판을 누가 드르륵 훑어 내리네 금세 녹아버릴 눈사람은
절대로 낳지 말아야 해
　그런데 정말
　눈사람은 사람일까?
　卵生일까, 胎生일까?
　　　　　　　　　　　　　　　　—「겨울의 幻」 전문

"겨울이었으니까"라는 말의 부단한 연쇄 속에서 이 시편은, '눈사람'이 잉태되고 태어나고 자라서 사라지는 과정을 '겨울의 幻'으로 기록하여 보여준다. 일찍이 김채원 단편 「겨울의 幻」에서도, 자궁을 가진 여자로서의 운명을 다룬 적이 있다. 그 단편은 일종의 의식의 흐름을 통해 여자의 운명과 '눈'의 속성을 결부하여 아름다운 형상을 각인하고 있었다. 같은 제목을 붙인 이 작품에서는 '눈사

람'이 자궁 속에서 자라 겨울에만 살다가 궁극에는 소멸하는 삶을 은유적으로 보여준다. '눈사람'은 눈송이가 뱃속에 자리를 잡고 자라서 태어난 것이고, 화자는 겨울의 외로움 속에서 '눈송이'를 잉태하여 '눈사람'을 낳고는 "오래 전에 떠놓은 탁본"처럼 자꾸 복제되는 기억을 한사코 떠올린다. 그 기억은 아무에게도 눈에 띄지 않던 "한해살이 풀씨"처럼 혹은 동굴 속 깊은 "유적(流謫/遺跡/遺蹟)"처럼 흩날리고 있고, 그때 화자는 업고 있던 눈사람을 내려놓기로 하는데, 바로 그 순간 화자는 이제 눈사람이 지상에서 소멸해버렸음을 발견한다.

 그렇다면 '눈사람'은 어떤 상징일까? 정말 사람이기는 했을까? 자신의 태가 낳은 존재일까 아니면 스스로 알을 깨고 나온 존재일까? 다만 시인은 이 모든 과정을 '幻'으로 포괄하면서, 그 안에 여성으로서의 자의식과 유한자(有限者)로서의 실존적 비애 그리고 환과 실재가 교차하는 우리들 삶의 형식을 두루 담아낸다. 그녀의 귀에 들리는 "환청처럼 스치던 말"(「헛소리」)이나 "귀도 없는데"(「면벽」) 들리는 소리는 모두 이렇게 '환'과 '실재'의 경계를 가로지르는 '시'의 형식을 암시한다.

 언젠가 캐스린 흄은 '환'의 속성을 리얼리티로부터의 일탈로 규정한 바 있고, 융은 영혼의 자율적 활동으로 규명한 바 있다. 이때 '환'은 한결같이 실재의 운동의 바깥에서 일어나는 자율적 현상이 된다. 하지만 이러한 예외성에 대한 숭배를 이정원 시편에서는 찾아보기 쉽지 않다. 오히려 그녀는 '환'이 가지는 '향유(jouissance)'와 '역

능(puissance)'의 이중성을 실험하면서, 생이 이렇듯 '환'을 포괄하는 어떤 것임을 노래할 뿐이다. 그래서 그녀는 자신의 시가 합리적 개선을 통해 세상을 바꾸거나 실존적 기투(企投)를 통해 세상을 개진하는 일 대신에, 환과 실재 사이를 경쾌하게 오가는 일에 매진할 것임을 보여주고 있는 것이다.

　　참마덩굴이 전선을 휘감고 올라

　　옥상 난간을 붙잡더니 기어코 빨랫줄을 점령해버렸다

　　줄에 널린 빨래를 언제 훔쳐보았을까

　　햇볕에 널어 몸을 말리고 싶었을까

　　저 높은 곳을 향한 순례자의 천로역정

　　曲盡하다!

　　간곡한 것은 저렇듯 구불구불 기어오르는구나

　　손에 잡히는 것마다 기필코 붙드는구나

　　높이 오를수록 뿌리 굵어질수록

한 뼘씩 하늘 가까워지고 있다

　날개 달고 우화등선하고 있다
―「曲盡」 전문

　여기 등장하는 '덩굴' 역시 실재의 사물이기도 하지만, 동시에 시인의 상상이 마련한 환의 존재이기도 한 것이다. 시인은 '曲盡'이라는 말에 대해 형상적으로 탐구하기 시작하는데, 가령 그녀의 시선은 '참마덩굴'이 전선을 휘감고 올라가 옥상 난간을 붙잡고 빨랫줄에 가 닿을 정도로 무성하게 자라는 과정을 응시한다. 그것은 오랫동안 빨래를 훔쳐보던 덩굴의 욕망, 혹은 스스로 빨래가 되어 햇볕에 몸 말리고 싶어했던 덩굴의 욕망이 결실한 것일지도 모를 일이다.

　어쨌든 저 높은 곳을 향한 순례자의 천로역정 같은 덩굴의 지속적 몸짓에서, 화자는 '曲盡'이라는 말을 도출해낸다. 그처럼 간곡[曲]하고 구불구불한[曲] 뜻을 다하는[盡] 과정으로 하여금 바로 우리들 생을 은유하게끔 한 것이다. 그 결과 '曲盡'한 것들은 높이 오르고 그 뿌리가 굵어질수록 견고한 날개를 달고 "우화등선"까지 하게 되는 것이 아닌가.

　이처럼 이정원 시인에게는 "어두운 햇살이 보내온 가벼운 전언"(「구름의 소포」)을 명민하게 들을 줄 아는 귀와, 자연 사물의 움직임을 '환'과 '실재'의 결속으로 응시할 줄 아는 시선이 있다. 결코 쉽지 않은 균형과 통합의 감각이 아닐 수 없다.

3.

 일찍이 시인 워즈워스는 "시란 고요 속에서 회상해낸 감정"이라고 말한 바 있다. 그런데 이러한 고전적 원리에 근원적 균열을 내면서 "실재의 삶 속으로의 신비의 갑작스런 침입"(F. 레이몽)을 '시적인 것'의 함의로 받아들인 일군의 시인들을 우리는 최근 목도하고 있다. 예컨대 그들의 언어에는 고요와 회상 대신 환상과 자유 연상 그리고 장광설과 초과(excess)의 감각이 가득하다. 그야말로 새로운 언어를 통해 '동일성' 원리를 전복하고 시의 외관과 어법을 새롭게 구축한 것이다.
 이정원 역시 시를 '실재'의 재현이라고 좁혀 생각하지는 않는다. '환'의 방법과 영역을 비사실로 규정하는 협의의 관점을 그녀가 훌쩍 넘어서고 있기 때문이다. 나아가 그녀는 '환'이 새로운 리얼리티를 부가할 수 있는 중요한 방법론이라고 믿는 편이다. 하지만 그럼에도 불구하고 그녀 시편이 자유 연상이라든지 초과의 언어로 곧장 달음질치는 것은 아니다. 오히려 그녀는 단정한 고전적 절조에 대해 관심이 깊은 시인이기도 하다. 다음 시편들은 그녀에게 '환'의 의미가 일종의 재귀적 원심력에 해당하는 것임을 선명하게 보여주는 실례들이다.

잎을 만나지 못한 꽃이
고개를 쑥 빼고 발만 동동 구르고 있다

제 발밑이 뿌리인 줄도 모르고
제 뿌리가 연리지인 줄도 모르고

꽃을 그리는 잎과
잎을 그리는 꽃이
땅속 깊은 球根 속에 서로 발가락 얽고 있다

긴꼬리제비나비
꽃잎에 골똘히 앉아 있다 떠난 뒤

꽃술에게 귀띔을 했나?

와락, 꽃잎 진다

萬法歸一
歸一何處

그리움 낭자한 저 초서체
                    —「상사화」전문

 '상사화(相思花)'란, 간절하게 원하지만 "잎을 만나지 못한 꽃"을 뜻한다. 꽃이 필 때는 잎이 없고 잎이 달릴 때에는 꽃이 없어 마치 꽃과 잎이 서로 그리워하는 것이 아니냐 하는 뜻에서 '상사화'란 이름을 붙였다고 한다. 사랑하는 연인을 먼 거리에서 바라보듯 "고개를 쑥 빼고 발만 동동 구르고" 있는 이 '상사화'는, 제 발밑이 바로 존재 근거인 '뿌리'이고 그 '뿌리'가 바로 '연리지(連理枝)'인 줄도 모르고 "꽃을 그리는 잎"과 "잎을 그리는 꽃"만이 서로 "땅속 깊은 球根 속"에 얽혀 있는 존재로 나타난다.

순간 나비 한 마리가 날아가자 꽃잎이 "와락" 하고 지면서, 화자의 뇌리에는 "萬法歸一／歸一何處"의 깨달음이 스쳐 지난다. 그것을 일러준 것이 바로 "그리움 낭자한 저 초서체"인 '상사화'였던 것이다. 따라서 이 시편에서의 '상사화'는 자연 사물 그 자체로서의 꽃이 아니라, 화자로 하여금 생의 이법을 깨닫게 해주는 적극적이고 창조적인 매개로 기능하고 있는 것이다. 다음 시편도 이러한 고전적 자각의 과정을 아름답게 보여준다.

    명부전 앞뜰
    꽃불을 이고 선 배롱나무 한 그루
    뙤약볕 아래 소신공양 중이다
    冥府로 가는 길 밝히고 있는 줄 알았는데
    가만 보니 발밑에 그늘을 풀어놓고 있다
    불꽃이 품은 그늘 밑에서
    개미들이 골똘히 먹이를 나르고 있다
    메뚜기 한 쌍 유유히 몸 포개고 있다
    얼굴을 쳐든 패랭이꽃,

> 땀방울 식히고 있다
> 백일 그늘을 받치고 발밑 살피느라
> 배롱나무 한 그루 허리가 휘었다
> 햇살이 꽃의 이마 간질이는 동안
> 그늘은 몇 겹 더 두터워진다
> 독경 한 번 없이
> 제 몸 태우며
> 不立文字로 뙤약볕을 견디는 저 목불 하나
> 백일 동안 꽃그늘 펴놓고
> 산 채로 눈부신 고요가 되었다
> ―「등신불」 전문

 여기서 '등신불(等身佛)' 역시 실재 그대로의 이름이 아니라, 명부전 앞뜰에 있는 배롱나무가 불을 이고 있는 형상을 은유하는 명명이다. 화자는 마치 배롱나무가 등신불처럼 "꽃불을 이고" 뙤약볕 아래서 소신공양을 하고 있다고 보는 것이다. 그런데 머리에 인 꽃불이 "冥府로 가는 길"을 밝히는 줄 알았지만, 사실 그 꽃불로 배롱나무는 "발밑에 그늘을" 만들고 있는 것이 아닌가. 순간 '그늘'은, '등신불'이 자신의 몸을 태워가며 이루려고 하는 공양의 내질(內質)이 된다.

 이렇게 "불꽃이 품은" 그늘은, '불(꽃)'과 '그늘'이라는 대척의 힘이 하나의 풍경으로 통합된 형상으로 화한다. 바로 그 '그늘' 아래서 개미와 메뚜기, 패랭이꽃이 골똘하게 자신들의 삶을 이어가니, 그 '그늘'이야말로 배롱나무가 한 허리를 휘일 정도로 힘을 다해 드리운 어떤 것이 아니겠는가. 그렇게 더욱 두터워진 배롱나무 '그늘'은 "不立文字로 뙤약볕을" 견디고 있다. 그 나무를 화자가 '목불(木佛)'이라 부르는 순간, "백일 동안 꽃그늘을 펴놓고/산 채로 눈부신 고요"가 되어버린 나무의 형상이 아름답게 부조(浮彫)되는 것이다. 이러한 풍경은 떡갈나무가 수행하는 "탁발의 苦行"(「탁발」)과도 연결된다.

이처럼 이정원 시편에서 '상사화'나 '등신불' 같은 소재들은, '환'과 '실재'를 오가면서 생의 복합적 형식을 나란히 들려주는 전언의 매개가 되고 있다. 이때도 감각의 구체를 통한 형상화는 일관된 그의 시법(詩法)으로 작용한다. 이정원 시편이 고전적 자각의 과정을 보여주는 품과 격을 갖추고 있음을 예시하는 실례가 아닐 수 없겠다.

4.

그런가 하면 이정원 시편에 담겨 있는 또 하나의 중요한 속성은, 구체적인 맥락을 내장한 내러티브의 구성과 토로에 있다. 이때 내러티브를 구성하는 시인의 기억은 아스라한 그리움보다는 날카로운 비애를 함축하고 있다. 물론 여기서의 기억은 나날의 일상을 규율하는 합리적 운동 형식이 아니라, 고고학자의 시선처럼 화석의 형식으로 나 있을 법한 과거를 환기하고 그때의 한순간을 구성해내는 어떤 근원적인 힘을 뜻한다. 가령 다음과 같은 작품에서 시인의 기억은 '아버지'를 매개로 하는 어떤 구체적 지점을 향한다.

> 아빠하고 나하고 만든 꽃밭에 나팔꽃 어울리게 피었어요
> 황혼녘의 아버지가 나팔꽃을 뚜뚜따따 붑니다
>
> 싸이판 사탕수수밭은 망망대해였다는데 야자수 잎에서 지독한 화약내가 진동했다는데 아버지는 트럼펫에서 풀린 애절한 소리로 고국을 향해 길을 냈다는데 달빛이 그 소리를 따라 고향에 닿곤 했다는데 포탄도 그 길만은 비껴 날았다는데 전쟁이 끝나고 베어버린 수숫대처럼 팽개쳐진 사람들 속절없이 죽어갔다는데 구사일생으로 남은 수숫대들끼리 간신히 귀국선에 올랐다는데 주먹만 한 수제비를 먹고 시뻘건 수숫물을 밤새 게워내기도 했다는데 태평양 한가운데 스스로 물수제비를 뜨며 가라앉은 이들도 있었다는데 아버지는 트럼펫을 불며 공포를 물어뜯었다는데
>
> 아버지가 시든 나팔꽃을 따 입에 뭅니다
> 꽃물이 번지는 황혼 속을 뚜뚜따따 걸어 들어갑니다
> ―「아버지의 트럼펫」 전문

"아빠하고 나하고 만든 꽃밭에"로 시작되는 동요를 우리는 잘 알고 있다. 그 '꽃밭'에 피어 있는 채송화, 봉숭아, 나팔꽃 가운데 황혼녘의 아버지가 '나팔꽃'을 불고 있다. 여기서 '황혼녘'은 해가 지는 해거름이기도 하겠지

만, 그보다는 아버지의 생이 이울고 있는 것을 비유적으로 환기하는 것이다. "싸이판 사탕수수밭"과 "지독한 화약내" 그리고 "트럼펫에서 풀린 애절한 소리"를 통해 '아버지'가 전쟁에 참여했다는 내력이 선명하게 드러난다. 그런데 그 전쟁이 끝나고 구사일생으로 살아오는 과정에서 아버지는 트럼펫을 불며 공포를 물어뜯었다.

그러나 아버지의 '트럼펫'은 이제 '나팔꽃'으로 바뀌었다. '트럼펫=나팔'이라는 비유 체계가 '나팔꽃'까지 번져온 것이다. '나팔'은 이제 '나팔꽃'으로 나타나고, 시든 '나팔꽃'을 따 입에 문 아버지가 "꽃물이 번지는 황혼 속"을 걸어 들어가고 있다. 그렇게 시인의 기억 속에 "빗자루처럼 늙어"(「늙지 않는 그림」)간 아버지는 "영정 속 아버지"(「달맞이꽃 喪家」)로 몸을 바꾸고, 마침내는 그 "아버지의 무덤 위로"(「이놈의 쥐!」) 피어난 꽃과 함께 시인의 가족사가 날카로운 비애를 드러내는 순간이다.

그해 비닐 장판 위에는 짓무른 여름이 나뒹굴고 벽에선 모란꽃이 시들어갔다 나는 고치 속에서 산누에나방애벌레처럼 밀린 잠을 잤다 창밖에서 휘파람새가 불러댔지만 잠든 머리카락만 창밖을 기웃거릴 뿐이었다 막힌 열쇠구멍으로 바람이 들락거렸다 나는 어둠의 딸! 한낮에도 몽유를 앓았다 불온한 니코틴이 벽을 뒤덮었다 그림자가 그림자를 잡아먹어 자꾸 캄캄해지면 창백한 눈알이 방구석에 굴러다녔다 하루가 무성영화처럼 죽죽 늘어졌다 삼십 촉 백열등에 달라붙어 마르던 오래된 편견들, 바리움 2mg은 너무 가

벼워 우울증에 빠진 해는 벼랑 쪽으로만 기울었다 책갈피
에 들어가 누우면 압화처럼 해쓱한 내가 보였다 누군가 나
를 읽고 있었다면 나는 둘둘 말려있었을 것이다
—「파피루스」 전문

　원래 '파피루스(papyrus)'는, 풀처럼 생긴 수생식물을 뜻
하기도 하고, 풀줄기의 섬유로 만든 종이를 뜻하기도 한
다. 이 시편에서 '파피루스'는 존재의 절정을 상실한 채
남루하게 여윈 존재의 표상으로 다가온다. 시인의 기억
속에 "그해"는 참담하고 우울하다. 왜냐하면 '그해' 여름
비닐 장판도 짓물러가고 모란꽃 문양의 벽지도 눅눅해져
갈 때, 화자는 고치 속에서 잠만 자는 '산누에나방애벌
레'처럼 창밖에서 들려오는 휘파람새 소리도 듣지 못하고
"어둠의 딸"로 자랐기 때문이다. 그렇게 하루하루 '불온
한 니코틴'과 '창백한 눈알'과 '삼십 촉 백열등'을 배경
으로 하여 산 화자는, "바리움 2mg"과 함께 여윈 '파피루
스'가 되어가고 있음을 고백한다.
　여기서 '바리움'은 항불안제인데, 이 시편에서 그것은
'우울증'과 함께 화자의 일용할 양식이었던 것이다. 이정
원 시편은 이처럼 아버지와 시인의 우울하고 참담했던 기
억들을, 사실 그대로의 재현이 아니라, '환'에 감싸인 나
른하고도 몽롱한 분위기로 전해주고 있다. 이러한 효과를
발생시키는 원천이 그녀가 시편 곳곳에서 활용하는 다양
하고도 풍부한 감각의 언어라는 점은 시집을 읽어보면 금
세 알 수 있는 일이다.

아닌 게 아니라 그녀의 시편에는, "음계 없는 呪文 같은 저 통주저음"(「빗방울변주곡」)도 울리고, "오래된 빗방울 지문"(「生木에 새긴 파피루스」)도 선명하게 비치고, "아라베스크 문양 위로 나부끼는/무슬림 여인들의/눈부신 속살"(「목련」)도 빛을 뿌린다. 대추나무가 "해마다 몇 됫박씩 말 걸어오던 눈빛"(「전언」)도 형형하게 살아온다. 그러한 감각의 구체가 삶의 맥락을 포괄한 내러티브를 통해, 존재의 트라우마(trauma)와 비의(秘義)를 동시에 드러내고 있는 것이다.

5.

우리가 알기로, 좋은 시는 우리의 복잡다단한 현실을 순간적으로 드러내면서도 그것을 치유할 수 있는 상상적 대안 질서를 마련하여 '현실'과 '꿈'의 복합적 접점을 풍요롭게 언표한다. 자연스럽게 그것은 우리를 둘러싸고 있는 불모의 '현실'과 그것을 견디고 치유하려는 '욕망(꿈)' 사이의 긴장에서 발원되고 있는 신생(新生)의 기록일 것이다.

우리가 읽은 이정원 시편들은, 미학적 감각의 구체를 일관되게 유지하면서도 그것을 구체적 자각과 내러티브로 퍼져나가게 함으로써, 현실의 불모성을 치유하는 신생의 기록으로서의 면모를 강렬하게 띤다. 그 점에서 이정원 시편들은 외적 상황의 단순한 시적 번안이나 무의미한

완벽함을 추구하는 형식주의의 극단을 모두 벗어나 있다 할 것이다.

이정원 시편은 어떤 것을 인용해도 좋을 균질성을 지니고 있다. 한 편 한 편이 만만찮은 시간의 담금질을 통해 완성도를 높여 놓았기 때문이다. 우리는 이러한 이정원 첫 시집의 위의(威儀)를, 감각의 구체를 통해 '환'과 '실재'를 결속한 심미적 진정성에서 찾을 수 있을 것이다. 그래서 그의 시편들은 "최선을 다해 마음으로 품은 것들은//저렇듯 썩지도 않는"(「깊은 무덤」) 것임을 보여주는 선명한 실례로 남을 것이다.